LK⁷ 6573

MOYENS

DE

RENDRE PARFAITEMENT PROPRES

LES

RUES DE PARIS,

Et celles des autres Villes du Royaume.

MOYENS

DE

RENDRE PARFAITEMENT PROPRES

LES

RUES DE PARIS,

AINSI que les Quais, Places, Cul-de-sacs, Atteliers, Cours, Allées, Manufactures, Halles & Boucheries, avec l'avantage de rétablir la salubrité de l'air dans cette Capitale, & de faire l'application de ces mêmes Moyens dans toutes les Villes, Bourgs & autres lieux du Royaume.

Par M. TOURNON, de l'Académie Royale d'Arras.

A PARIS,

Chez LESCLAPART, Libraire de Monsieur Frere du Roi, rue du Roule, près du Pont-Neuf, N°. 11.

1789.

HISTOIRE DE Mlle DE SIRVAL , ou LE TRIOMPHE DU SENTIMENT ; deux volumes beau papier , petit format , brochés 3 livres , & francs de port, 3 liv. 12 f. : Par M. TOURNON, de l'Académie Royale des Belles-Lettres d'Arras ; chez *Lefclapart*, Libraire de MONSIEUR, Frere du Roi, rue du Roule, près du Pont-Neuf, N°. 11.

Cet intéreſſant Ouvrage n'eſt point un Roman ; c'eſt l'hiſtoire d'une jeune étrangère qui , méconnoiſſant les mœurs de cette Capitale , s'eſt trouvée victime de l'innocence & de l'amour. Avec des principes , une éducation diſtinguée & une ame ſenſible, elle n'a pu échapper aux dangers d'une féduction formée par l'envie & dirigée avec art. Néanmoins une mère tendre , Madame de Sirval , inſtruite de tant de maux , outragée par un homme puiſſant , l'oblige bientôt à réparer un moment d'erreurs : elle ſauve ſa fille de l'opprobre ; l'honneur & le ſentiment reprennent leurs droits , la jeune perſonne triomphe d'elle-même ; & lorſque ſur le point d'être conduite à l'Autel par ſon féducteur ; il va l'enchaîner par les nœuds de l'hymen , elle y renonce pour jamais. Tel eſt le plan naturel & vrai de cette Hiſtoire, dont les ſituations , les évènemens ſont attachans , & tracés avec graces & ſenſibilité. Le ſtyle en eſt pur & ſoigné ; ſouvent l'utile s'y joint à l'agréable, & la décence ; le goût , permettent qu'elle ſoit miſe avec fruit dans les mains des jeunes perſonnes. Elles y trouveront des leçons utiles mêlées à de légères peintures de nos vices & de nos mœurs , que l'Auteur a conſtamment eu ſoin d'oppoſer à l'aſcendant invincible de la candeur , du ſentiment & de la raiſon.

LES PROMENADES DE CLARISSE , ou Principes de la Langue françoiſe , 4 vol. *in*-12. Paris , 10 l. 10 ſ. Province, 12 liv. francs de port.

On trouve chez Madame LESCLAPART, rue du Roule, Nº. 11, un Affortiment de Livres en tous genres, qu'elle offre de faire paſſer en Province, aux prix indiqués dans les Papiers publics, en ajoutant pour le port, franc dans tout le Royaume, 2 liv. pour un *in-4º.*, 1 liv. pour un *in-8º.* 12 fous pour un *in-12*, avec le port de la lettre & de l'argent.

La Magie Blanche & ſa ſuite, nouvelle édition, 5 parties, 14 liv. 8 ſ. & franc de port,   18 liv.

Le Diadême des Sages, Ouvrage qui convient aux Amateurs de la Métaphyſique, 1 vol. *in-12*, 2 l. 8 ſ.

Les Œuvres de Virgile, traduction de M. le Blond, 3 vol. *in-12*,   7 l. 10 ſ.

Œuvres de M. de Florian, 9 vol *in-18*, papier velin,   54 l.

Idem, papier ordinaire,   36 l.

Œuvres de Madame de Genlis, 16 vol. qu'on vend féparément 5 l., & 16 vol. *in-12*, 12 l. 10 ſ.

Les Contemporaines, en 42 vol. qui ſe féparent par 4 vol. à 2 liv. 5 ſ. les quatre 9 l. & les 42 v. 94 l. 10 ſ.

On peut auſſi fouſcrire dans cette maiſon pour les Journaux, dont les Bureaux ſe tiennent dans différens quartiers de Paris. Note des prix.

Année littéraire, Paris, 24 l. Province, 32 l.

L'Efprit des Journaux, Par. 27 l. Province, 33 l.

Mercure, Paris 30 l. Province, 32 l.

Journal de Genève,   21 l.

Journal Encyclopédique de Bouillon, Paris, 25 l. 12 ſ. Province,   33 l. 12 ſ.

Journal Politique, Paris 18 l. Prov. 19 l. 4 ſ.

Edits & Déclarations,   30 l.

AVIS DE L'AUTEUR.

JE présente dans cet Ouvrage les moyens d'approprier les rues de Paris, ainsi que celles des autres Villes, sans que, dans cette Capitale, il puisse en coûter plus de douze deniers par année à chaque Habitant, en supposant toutes les fortunes égales. Il n'y a personne, sans doute, qui, pour aller à pied sec dans les rues de Paris, & en tout tems, excepté les momens de pluie, ne trouvât de l'économie à payer cette légère contribution.

J'offre, en outre, aux capitalistes la facilité de placer des fonds avec avantage & sûreté.

Sous ces différens points de vue, l'on conviendra qu'un tel plan doit être soumis à la discussion & aux lumières du public; c'est dans ce seul dessein que j'ai livré ce Mémoire à l'impression.

Quoique l'intégrité des Magistrats & la sagesse des Loix assurent à tout citoyen sa propriété, quoique celle des productions de l'esprit soit, j'ose le dire, la plus sacrée, j'ai cru cependant cet Avis nécessaire pour manifester publiquement que je ne donne point les idées contenues dans cet Ouvrage, afin qu'elles soient mises à exécution sans mon consentement. Les personnes qui auroient des intentions ou des observations à communiquer à l'Auteur, M. TOURNON, sont priées de les lui adresser par écrit, en sa demeure, *rue St-Martin, en face de celle du Cimetiere St-Nicolas.*

MOYENS

MOYENS

DE rendre parfaitement propres les rues de Paris, &c.

L'ESPRIT humain chez toutes les Nations n'a qu'une feule & unique marche,
& les Peuples de tous les âges conftatent
cette vérité. Sauvages ou barbares, les
hommes bâtiffent des habitations ifolées,
& fe divifent par hordes ou peuplades ;
plus tranquilles & policés, unis pour l'intérêt commun, ils s'entâffent pêle-mêle, &
fe procurent à peine de l'air ; puiffans &
riches, ils cultivent les Arts, alors dédai-
gnant leurs antiques demeures, ils les dé-
truifent pour conftruire des hôtels ou des
monumens fomptueux : telle on vit Rome
naiffante conferver dans fes murs des ter-

A

res labourables , & Rome puiffante & vic-
torieufe élever des palais où la faux autrefois moiffonnoit des épis.

Cependant il eft vraifemblable que les
Grecs, les Romains, & ces Babyloniens
fi magnifiques , ne fe trouvèrent jamais
dans l'état où nous fommes ; la chaleur
& la beauté de leurs climats rendoient le
fol moins humide que ne l'eft celui de
nos grandes villes du Nord ; (1) & lorfque les Arts vinrent embellir leurs Cités,
ils penfèrent que la terre ne manquoit
pas au loin ; leurs monumens pompeux
placés à des diftances convenables , rece-
voient de l'éclat par la vivacité de la lu-
mière , & ces fuperbes édifices formoient
des grouppes variés & pittorefques. Des rues

____

(1) Ce fut avant l'incendie qui , fous le règne de Néron ,
dévafta les deux tiers de la ville de Rome , que les rues
de cette Capitale étoient le plus étroites & le plus contour-
nées : cependant lorfque Néron l'eut fait rebâtir & qu'il
eut fait tracer des rues larges & droites , quelques citoyens s'en plaignirent , fous prétexte que la chaleur étoit
trop vive , & que l'ombre que donnoient auparavant les
petites rues étoit préférable ; tant leur climat différoit du
nôtre.

vastes laissoient circuler l'air, & de nombreux jardins, ornemens de leurs toits, y répandoient plus de salubrité.

Moins attentifs à décorer nos habitations, nous avons fait des rues étroites, de petites places; si nous eussions pu exister sans lumiere, nos maisons eussent été sans espace extérieur. L'aveugle & folle avarice ne songeoit pas, en construisant ces sombres fourmillieres, qu'il y avoit encore des milliers d'arpens de terre abandonnés ou incultes.

Si l'on considère quel est l'état de la plupart de nos grandes Villes, l'on sera peut-être surpris que des quantités innombrables d'individus nés dans les campagnes, accoutumés à respirer un air pur, à jouir du ciel, de la verdure & des fleurs, viennent se rendre dans des Cités où le soleil & l'air pénètrent avec peine, où le sol fétide surcharge l'atmosphère de miasmes dangereux, où les matières corrompues s'accumulent sans cesse, où des milliers d'habitations ne cessent de méphitiser l'air,

où des flots de fang, des reftes de tein-
ture & d'eau fangeufe s'échappent continuellement des Boucheries, des Atteliers,
des Manufactures de tout genre ; dans des
lieux où les années s'écoulent plus promptement qu'ailleurs ne paffent les jours,
dans des lieux infectés par les maladies
& les vices, où les alimens corrompus &
falfifiés fe vendent à vingt fois leur prix,
où l'on fe tourmente fans relâche, où nul
ne jouit de foi, où les mœurs font mé-
prifées, les crimes impunis, & la vertu
avilie ! Comment des êtres raifonnables
peuvent-ils fe précipiter dans de telles Cités ? Qu'efpèrent-ils enfin ? Mais que ne
peuvent l'éclat & l'amour de l'or ! Tel eft
cependant l'état d'un grand nombre de
Villes, tel eft celui de Paris.

Expoferai-je ici les avantages précieux
d'une atmofphère falubre ? Parlerai-je des
dangers inévitables qu'il y a de refpirer un
air infect ? Non, l'expérience ptononce.
Conftantinople, le Caire, Tunis, offrent
des preuves permanentes de trop de faits

défaftreux, pour qu'il foit befoin d'en retracer ici les peintures affligeantes.

Toutes les claffes de Citoyens font intéreffées à faire naître la propreté dans les rues des grandes Villes ; là, les riches & les puiffans refpirent l'air qui s'échappe du féjour de l'indigence, & les Marchands comme les malheureux , courent à pied pour faire des échanges.

Ferai-je remarquer ces défagrémens d'aller à pied dans des lieux chargés de boue ? ces petits chagrins d'être à chaque inftant éclabouffé ? ceux moins légers, de fe voir en fortant de chez foi couvert de fange par un lefte & brillant équipage ? Citerai-je les dépenfes occafionnées par ces fortes d'inconvéniens & cette obligation forcée de foudoyer à chaque moment des voiturées publiques ? Toutes ces léfions, quoique médiocres , font fuffifamment appréciées par les perfonnes qui les éprouvent.

Quoi qu'il en foit, le mal exifte, fongeons aux moyens d'y remédier.

Dans Alexandrie, autrefois on vit fon

Fondateur, ce conquérant faſtueux, Alexandre, faire creuſer des canaux qui conduiſoient les eaux du Nil dans chaque rue, & ces eaux y maintenoient la propreté & la fraîcheur : mais à Paris le nombre immenſe des voitures, les rues trop étroites, ôtent l'eſpoir d'y faire circuler la Seine.

Privés des reſſources de l'exemple, cherchons quelles ſont les cauſes qui empêchent la propreté des rues dans les grandes Villes ; &, lorſque ces cauſes nous ſeront parfaitement connues, peut-être trouverons-nous plus aiſément les moyens d'y remédier.

Pour s'inſtruire il faut obſerver, diſoit un vieillard : obſervons donc.

Suppoſons, dans l'état où ſont maintenant les rues de nos grandes Villes, que pendant la nuit l'une de ces rues ait été deſſéchée par le contact de l'air, & balayée enſuite le matin, dès-lors elle ſeroit ſuffiſamment propre. Qu'arriveroit-il ? Des voitures ſurviendroient, les roues iroient dans le ruiſſeau, elles en feroient jaillir les eaux ſur le pavé ; viennent des gens de pied, ils entraînent involontairement les ordures amoncelées près des bornes, ils les foulent, de nouvelle eau eſt renvoyée, elle ſe joint à la première ; la boue ſe forme ; alors le ſable qui conſolide le pavé, ſe délaye, les eaux qui s'y trouvent arrêtées concourent à ſa dégradation, & les chauſſées ſubiſſent de prompts dépériſſemens. Pleut-il, neige-t-il, dégèle-t-il ? C'eſt pis encore : l'abondance de l'eau ne produit que plus de boue. Dans les marchés, dans les halles, ſur les places & les quais, ce ſont encore à-peu-près les mêmes effets diverſement modifiés ; & l'on peut dire que, dans toutes les Villes comme dans toutes les ſaiſons, les cauſes de la malpropreté des rues, ſont les eaux & les ordures.

Qui trouveroit les moyens de faire diſparoître les unes & les autres, auroit donc tranché le nœud de la difficulté (1).

____

(1) Pour produire cet effet, les Romains imaginèrent

A 4

Si nous obfervons d'un œil attentif les différens quartiers de cette Capitale, (ce qui conviendra pour celle-ci, fera utile à bien d'autres) nous pourrons diftinguer trois fortes de rues ; celles qui font propres, celles qui le font moins, & celles qui ne le font nullement.

Voyons ce qui peut occafionner ces différens états des rues dans une même Ville ; d'où vient que certains quartiers, certains lieux d'un même quartier, font moins propres que d'autres ? Spectateurs attentifs,

des cloaques beaucoup plus fpacieux que les nôtres ; ils en établirent un grand nombre fous les rues de Rome, qui tous fe rendoient dans le plus vafte, & celui-ci conduifoit les immondices dans le Tibre. Ils avoient en outre pratiqué, le long des rues, des ouvertures peu diftantes les unes des autres, par lefquelles les ordures étoient jettées dans les cloaques ; les efclaves avoient cet emploi. De plus, fept conduits, venant des aqueducs, faifoient couler dans ces égoûts une très-grande quantité d'eau, ce qui les maintenoit dans un état de propreté. Selon ce que rapportent *Denis d'Halicarnaffe* & quelques autres Ecrivains, ces cloaques étoient l'un des plus grands ouvrages des Romains, & l'on conviendra que la peinture qu'ils en font en donne une très-haute idée.

plaçons-nous dans cette Rue étroite & très-fréquentée, où de hautes maisons laissent à peine circuler l'air ; là, le pavé est lent à sécher ; là, une multitude de voitures couvrent sans cesse le pavé des eaux du ruisseau ; là, des milliers d'individus fatiguent le sable & les ordures, & épaississent la boue ; là, une chaussée constamment mouillée se dépérit, & le poids énorme des voitures, leurs chocs multipliés, en accélèrent la dégradation.

Que faire pour qu'une telle rue devînt nette ? 1°. Proportionner la hauteur des maisons à la largeur de la chaussée, afin que l'air pût y circuler & dessécher le pavé. 2°. Imaginer un moyen pour que les ordures déposées aux coins des bornes ne pussent désormais être étalées. 3°. En découvrir un second, pour que le sable en tems de pluie ne fut pas délayé. 4°. Supprimer les ruisseaux du milieu des chaussées, afin que les chevaux & les voitures n'en fissent plus jaillir les eaux.

La première de ces conditions sera exé-

cutée avec le tems, puifqu'une fage Or-
donnance en a déjà impofé l'obligation
aux propriétaires des bâtimens (1) Les
trois autres peuvent être plus prompts &
également faciles.

Mais avant d'indiquer quels en font les
moyens, tranfportons-nous dans d'autres
lieux ; une obfervation ne peut fuffire pour
conftater les faits que nous devons connoître. Nous voici dans une rue fembla-
ble à celle que nous venons d'obferver,
quant à la largeur & à la hauteur des maifons ; il y paffe autant de gens à pied,
mais point de voitures : là, le ruiffeau coule
plus aifément, le pavé n'eft pas humide ;
il eft feulement chargé de boue sèche, il

---

(1) Toutes les Nations agiffent à-peu-près de même dans
des tems différens. Durant quatre cens ans, les maifons de
Rome, couverte de chaume, n'eurent qu'un étage. A la
chûte de la République, *Augufte* fut obligé, pour éviter
les malheurs occafionnés par les éboulemens trop fréquens,
fufcités par l'extrême hauteur des bâtimens, d'ordonner
qu'elles fuffent reftreintes à foixante & dix pieds ; & *Tra-
jan* détermina, dans la fuite, qu'elles ne pourroient en
avoir que foixante.

eſt peu dégradé, & ſi les ordures compactes ne s'y trouvoient diſperſées, cette rue
feroit ſuffiſamment propre. Ce ſont donc
les perſonnes à pied qui étalent les ordures, & ce ſont les voitures qui font refluer
l'eau ſur les chauffées : c'eſt ce qu'il impor-
toit de ſavoir. Diſons encore que les moyens
qui ſuffiront pour rendre nettes les rues
étroites, feront preſque toujours ſuffiſans
pour opérer le même effet dans les rues
larges, puiſque celles-ci ſont plus aérées,
ce qui nous diſpenſe d'y réitérer nos ob-
ſervations.

Mais dans les marchés & dans les halles, dira-t-on, ce ne ſont pas les voitures qui font jaillir les eaux : il eſt vrai ;
celles-ci ſont retenues ſur le pavé par les
amas d'ordures, & foulées par les individus qui vont & viennent dans ces lieux ;
(1) de-là, il réſulte encore de la boue. Fai-

(1) A l'exemple des anciens nous bâtiſſons des halles & des
marchés publics ; cette attention de notre Gouvernement
eſt bien louable : mais il importe ſur-tout que ces ſortes
de lieux ſoit très-aérés. Je crois auſſi qu'il ne ſeroit pas

sons donc en sorte qu'il n'y en ait plus ;
faisons-la disparoître, que désormais les
rues, les quais, les places, les marchés,
les halles, que tout Paris enfin, puisse être
pafaitement propre ; &, s'il peut l'être, ne
doutons pas que les grandes Villes qui
sont dans la même nécessité n'en suivent
bientôt l'exemple salutaire.

Commençons par chercher de quelle
manière les ordures compactes, que dé-
posent les habitans auprès des bornes,
pourroient être fixées en un lieu, de sorte
qu'elles ne fussent plus entraînées & dis-
persées sur la chaussée par les passans.

Chaque maison produit une quantité
d'immondices proportionnée à sa gran-

---

moins utile d'ajouter à ces marchés des corps de bâtiment
où se placeroient les Bouchers, pour vendre & débiter seu-
lement ; néanmoins il conviendroit de leur destiner d'autres
lieux, dans les Fauxbourgs ou hors de la Ville, où ils
pourroient égorger les animaux ; alors ils ne donneroient
plus au public le spectacle horrible & révoltant du sang qui
ruisselle & des angoisses de la mort ; alors le citoyen ne seroit plus exposé à être renversé par un taureau en furie
qui s'échappe des mains de ses bourreaux.

deur, au nombre d'individus qui l'habitent, à l'état qu'ils éxercent. Plus il y a d'individus raſſemblés, plus auſſi les mêmes métiers ou manufactures font naître d'immondices, plus alors le lieu deſtiné à recevoir ces immondices, doit être vaſte.

Les anciens quartiers de Paris ſont très-peuplés, & c'eſt-là néanmoins que les rues ſont fort étroites ; là ſe voient raſſemblés, Chapeliers, Blanchiſſeuſes, Teinturiers, Plumaſſiers, Corroyeurs, Bouchers, &c.

Remarquons qu'il eſt important que les ordures puiſſent être enlevées promptement & avec facilité, pour que le ſervice général ne ſoit pas rallenti. Cependant ſi l'on continue de les dépoſer dans les petites rues, comme il eſt d'uſage, il eſt impoſſible qu'elles ne ſoient bientôt éparſes.

Le moyen qu'il s'agit de trouver, doit donc réunir trois avantages. 1°. Celui de ne point occaſionner de changement important, ni dans le ſervice des balayeurs publics, ni dans l'habitude qu'ont préférée les habitans d'expoſer les ordures en un lieu plutôt que dans un autre. 2°, Celui de ne pas occuper une place qui anticiperoit fur la largeur des rues, & qui feroit néceffaire aux paffans. 3°. Celui de contenir parfaitement les ordures dans la place qui leur feroit réfervée.

Faifons une fuppofition ; fi l'on établiffoit devant chaque maifon, au lieu de l'une des bornes ordinaires, une borne en fer dont l'intérieur fut vîde ; mettons que cette borne ait trois pieds de haut, fur deux de large, & dix-huit pouces de profondeur ou environ, felon l'emplacement ; fans doute, elle formeroit déjà une affez grande boîte qui auroit le double avantage de contenir les ordures compactes, & de mettre les paffans à l'abri des dangers que font naître les voitures. Cette nouvelle borne auroit deux ouvertures, l'une qui ferviroit de couronnement & par laquelle feroient jettées les immondices ; l'autre au bas, qui feroit clofe par une porte verticale & à couliffe. Cette porte, ou trape, fe léveroit, elle refteroit fufpendue pendant que l'on prendroit les immondices, moyennant un anneau qui la retiendroit, ou un cran, ou un reffort très-fimple qui faciliteroit fon repos, & elle tomberoit enfuite à volonté. Si cette borne étoit percée tout autour près du pavé, les eaux des ordures s'écouleroient fans que celles-ci puffent en aucune maniere obftruer les ruiffeaux. Mais une telle boîte fera-t-elle enfin d'une capacité fuffifante pour être le dépôt commun d'une grande maifon ? Il fe pourroit que non : dans ce cas, on en proportionneroit le nombre au befoin, & la forme à la place qu'elles devroient occuper. J'ofe avancer que fous ce point de vue, il n'y a pas de maifon devant laquelle on ne puiffe en établir un nombre fuffifant pour elle feule, & la dépenfe que néceffiteroient ces *Cache-ordures*, feroit peu confidérable.

Les perfonnes qui préféreroient, au lieu de ces nouvelles bornes, de faire conftruire une petite loge, pratiquée dans la boutique, à niveau de la façade & du pavé, auroient le choix. Cette loge, prefqu'en forme de foupirail de cave, & d'une grandeur convenable pour la maifon, feroit fermée devant & par le bas, d'une porte à couliffe ou d'une trape ; en haut feroit une feconde ouverture, clofe ou non par une autre porte, & c'eft par cette ouverture ci que l'on verferoit les ordures.

Je n'ai pas d'abord expofé ce dernier moyen, parce qu'il ne peut convenir généralement ; la boutique d'un Orfèvre, celle d'un Maître en pharmacie, d'un Confifeur, feroient peu propres à un tel entrepôt.

J'obferverai que ces *Cache-ordures*, foit caveaux ou nouvelles bornes, ne retarderoient point le fervice des Balayeurs publics. Que l'un d'eux fe préfente, du bout de la pêle, il fait ouvrir la porte, alors autant vaut qu'il prenne les ordures dans ces cachettes, que de les enlever à la manière accoutumée (1).

____

(1) La defcription & la figure des *cache-ordures*, fe trouve ci-après. *Voyez* à la fin de l'Ouvrage.

Je

Je crois aussi qu'il seroit nécessaire que les gens qui relèvent les boues, eussent des pèles un peu moins plattes ; je voudrois qu'elles eussent plus de capacité afin que dans les tems de pluies les immondices y fussent mieux contenues, & qu'elles ne pussent retomber tandis qu'on les transporte dans les voitures destinées à les recevoir.

Facilement l'on pourroit mettre en usage les *cache-ordures* & les nouvelles pèles, & l'on prévoit les avantages qui en résulteroient ; les chaussées seroient plus nettes, les eaux rencontreroient moins d'obstables, elles s'arrêteroient moins sur le pavé, les chaussées se conserveroient mieux, & il y auroit moins de boue.

Gardons-nous pourtant de penser qu'il n'y en auroit plus, sur-tout en tems de pluie, ce seroit une erreur ; tant que le pavé ne sera consolidé qu'avec le sable, ce sable réduit en poussiere & délayé ensuite, formera de la boue.

Les Romains trouvèrent l'art de faire

des chauſſées ſur leſquelles il ne pouvoit
ſe former de boüe, elles étoient auſſi ſo-
lides qu'agréables, quelques-unes ſe ſont
conſervées entières pendant quinze à dix-
huit ſiècles : mais il faut convenir qu'elles
étoient faites à plus grands frais que ne le
ſont les nôtres ; quatre couches de maçonnerie différentes, & en ciment, leur
donnoient cette ſolidité & cette propreté
que l'on admire dans les reſtes qui ſubſiſ-
tent encore. (1) Avouons cependant qu'en
cela les Romains pouſsèrent peut-être
trop loin la magnificence ; les voies *Appia*,
Æmilia & *Flaminia*, étoient recouvertes
en pierres taillées de cinq pieds de ſurface.
Héliogabale fit plus, il voulut que quelques places de Rome fuſſent pavées en

---

(1) Après avoir aſſis & égaliſé les terres, les Romains
formoient la première couche des chauſſées en cailloux &
ciment de huit à neuf pouces d'épaiſſeur ; la ſeconde étoit
en gravats & ciment battus ; la troiſième en briques pilées
& ciment ; & la dernière en pierres non taillées ou taillée
ſelon les lieux ; en ſorte que l'ouvrage entier avoit trois
pieds d'épaiſſeur.

marbre de Lacédémone & en porphyre.

Ces dépenses sans utilité, sont des sources d'impôts ; & comme nous pensons que la beauté des monumens publics ne fait pas la félicité des Peuples, nous allons proposer des moyens moins onéreux.

Les Chinois, dont l'industrie a long-tems devancé la nôtre, & dont les sages Loix & la Morale pourroient encore nous servir de modèles; les Chinois savent mettre à profit les nombreux débris de leur porcelaine, ils les jettent sur les bords des lacs & des rivieres dans les endroits desquels ils veulent chasser l'eau. Ces amas avec le tems, forment des quais, des places, & enfin des rues. Ne pourrions-nous pas aussi faire usage des débris de nos Manufactures de porcelaine, de faïence, de tuiles, en un mot de terre cuite ? Il y a, dans quelques-unes de nos Provinces, de ces débris amoncelés qui nuisent en quelque sorte. Observons qu'ils ont une propriété peu commune, celle de ne pouvoir se délayer à l'eau. Si l'on s'avisoit de les piler

& de les mêler avec du fable, moitié l'un moitié l'autre, ce mélange feroit plus convenable au pavé que le fable pur, il le confolideroit mieux, & ne formeroit pas de boue, même en tems de pluie. (1)

L'on peut m'objecter fans doute, que difficilement on pile des débris de terre cuite, que cette opération exige beaucoup de travail, que d'ailleurs, il en faudroit une très-grande quantité, ne fût-ce que pour les rues les moins propres ; qu'en outre, il y a des frais de tranfport qui renchériroient néceffairement le prix des chauffées. Mais que l'on daigne obferver ; 1°. Que ces frais de tranfport diminueroient de beaucoup par des importations faites en grand. 2°. Que pour réduire ces débris en fable, il feroit néceffaire d'établir des efpeces de moulins, foit à vent, foit à eau, ce qui alors coûteroit moins que

---

(1) Ce nouveau fable en terre cuite feroit fait avec foin ; fans cela, trop gros ou trop fin, il rempliroit mal le but qu'on fe propofe ; en outre la couche fupérieure étalée fur le pavé, feroit de ce feul fable.

le pilage ordinaire. 3°. Quand même ce mélange de terre cuite & de fable renchériroit les chauffées, ce débourfé, je le préfume, ne feroit que momentané, & par la fuite, peut être y auroit-il du bénéfice, d'autant que les réparations feroient moins multipliées, que le pavé fe conferveroit mieux; d'ailleurs, il n'y auroit plus de boues.

Je penfe encore que fi l'on fe fervoit de débris de murailles pilées, ce qu'abondamment l'on pourroit fe procurer dans les grandes Villes, qu'on en fît un mélange avec de la terre cuite moulue, qu'on employât ce mélange pour affurer lé pavé; il vaudroit fans doute mieux que le précédent, les premieres pluies en formeroient une efpèce de ciment, & une fois deffléché, l'eau couleroit fur la furface & n'y pénètreroit que difficilement, j'ai lieu de le croire.

Je n'ignore point que l'habitude, les préjugés, & furtout les petits intérêts de tant de gens qui brûleroient des forêts pour en avoir les cendres, ne manqueront pas de s'élever contre ce que je propose; l'ón fera naître mille inconvéniens, mille objections que l'on s'efforcera de rendre plausibles; c'est le fort de toute innovation, même des plus indispensables; mais il n'en fera pas moins vrai que les procédés qui viennent d'être indiqués font efficaces, & que les lieux dans lesquels ils feront mis en usage, ne feront plus infectés par les boues.

Dans les pays où facilement l'on peut fe procurer des fubftances volcaniques, telles que les laves, les fchories, &c. . . ces matières préparées convenablement, feroient préférables à celles que je viens de citer: mais la première difficulté est d'en avoir; la feconde, est de les mettre en œuvre.

Un favant Naturaliste de Suède, a trouvé l'art d'opérer dans fon cabinet, comme opère la nature dans fes vastes laboratoires ; il eft parvenu, par la calcination, à former avec une forte d'ardoife, une terre volcanique (1) très-utile, & qui manquoit en Suède. Ne feroit il pas poffible que l'on découvrît une fubftance, facile à exploiter en France, qui par une opération fimple, fût parfaitement propre à rendre les chauffées durables & nettes? Si quelque Compagnie favante daignoit propofer ce fujet, peut-être ne feroit-ce pas vainement.

.Cependant, continuons notre travail ; nous fommes loin d'avoir atteint le but. Il refte dans chaque rue ces amas d'eau fétide, ces ruiffeaux fangeux d'où s'élèvent continuellement des vapeurs dangereufes ; & tant qu'ils exifteront, tels qu'on les voit à Paris, l'on ne doit pas s'attendre en des lieux mal aérés, à voir renaître la propreté.

Fatiguées de la quantité de boues, les perfonnes fortunées ont cherché à s'en

______

(1) *La Pouzzolane*, dont nous parlerons tout-à-l'heure.

garantir ; nul expédient n'a paru plus pro-
pice que celui de s'enfermer dans une voiture ; là, on s'est enfin trouvé proprement,
& à l'abri des intempéries du climat. L'on
n'a pas voulu observer que l'usage des
voitures faisoit perdre celui des jambes, que
du peu d'exercice se manifestoient la goutte, les rhumatismes, une foible santé ;
que des effets du cahos naissoient de mau-
vaises digestions, qu'en s'entassant quatre
ou cinq dans une boîte close, la respi-
ration, les exhalaisons vitales absorboient
ou méphitisoient l'air ; l'on n'a rien vu
que l'agréable facilité d'être promptement
transporté au lieu dans lequel on a voulu
se rendre ; la vanité s'est mise de la partie, & la vanité est si puissante chez ceux
qui ne peuvent connoître la gloire ! Tel
a cru prouver ainsi publiquement, en pre-
nant voiture, qu'il avoit mille écus de plus
que le nécessaire ; preuve importante sans
doute, dans un pays ou la sottise ne sa-
voit autrefois peser le mérite des hommes
qu'au poids de l'or qu'ils possédoient, trop

fûre que ce métal achetoit la puiſſance !
Qu'eſt-il arrivé ?

L'extrême multiplicité des voitures
a encore augmenté la quantité des
boues, en couvrant les chauſſées des immondices des ruiſſeaux ; les malheureux
qui n'ont pu ſe donner des chars, ſe ſont
trouvés dans des rues ſemblables à des
cloaques, & en danger de leur vie. Cette
inégalité plus que barbare, ces priviléges
excluſifs de la fortune, ne ſe ſont encore
montrés chez aucune nation au même de-
gré de licence qu'elles ſe voient dans cette
Capitale. Les Grecs eurent des charriots
pour les tranſports d'armes & d'effets, ils
eurent des chars pour leurs Princes & pour
les jeux publics : mais ils n'en eurent pas
par vanité, & moins encore pour expoſer
les jours de leurs ſemblables à des cataſ-
trophes affligeantes. Dans les premiers
ſiècles de Rome, ſes Rois & ſes Magiſ-
trats eurent des chars ; il en fut de même
tout le tems de la République, & l'on ne
vit que ſous Sévère (c'eſt-à-dire, lorſqu'un

luxe aviliſſant eût ſouillé les vertus Romaines) l'individu oublié , & l'homme ſans honneur paroître en public dans des chars dorés ; ce fut ſeulement alors qu'une innombrable quantité de voitures parut dans la Ville de Rome : mais au moins les rues en étoient vaſtes & propres.

Si l'on ajoute à cette multitude de voitures, qui obſtruent les ruelles boueuſes de Paris, ces encombremens de toute eſpèce, ces priviléges que s'arrogent des milliers de gens à l'inſçu du Magiſtrat ; l'un perſuadé qu'il débitera en poire ou fromage, pour ſix deniers de plus, fait ſaillir ſes marchandiſes hors de la boutique, & empière ſur la voie publique de trois ou quatre pieds, ſans ſe mettre en peine ſi cet encombre ne bleſſera pas quelque infortuné ou ne lui coûtera pas la vie (1). Tel autre, imbécille étaleur, choi-

____

(1) Une infortunée , chez un *Droguiſte* , demandoit une médecine ; afin d'être mieux purgée, elle triploit les doſes. Quelqu'un dit au Droguiſte , ſi vous ne prévenez cette femme , elle va ſe faire mourir. *Que m'importe* , repart

fit le plus étroit défilé & va précisément y dépofer fon inventaire au rifque de fe faire écrafer, vû l'incroyable concours des wiski, des cabriolets & des jongleurs de toute efpèce. Ici ce font des matériaux de bâtimens, qui, dans une rue très-fréquentée, en occupent les deux tiers (1); là, on démolit des mafures en plein jour, & des débris vous bleffent avant que vous foyez averti; des perfonnes font portées à la morgue, des voitures font renverfées, & cela ne fait rien changer. A l'afpect de

---

celui-ci, *il faut que je vende.* Que de foux dangereux, s'ils ofoient l'avouer, diroient comme lui : *il faut que je vende !*

(1) Sur la fin de quatre-vingt-fix, l'on a vu la rue de Richelieu pleine de matériaux de bâtimens ; entr'autres fâcheux évènemens qui y font arrivés, j'ai, remarqué à huit heures du foir, un jeune homme précipité du haut de fon *Wiski* parmi les pierres & les gravats.

Pourquoi permettre aux Entrepreneurs de mettre des matériaux hors de l'enceinte des bâtimens ? Manque-t-il de quais, de places, de jardins ? Il faut tailler les pierres fur les lieux, me dira-t-on. J'entends, il faut être commodément, il faut épargner de petits frais ; en un mot, pour un peu de léfine, il faut expofer des hommes à être eftropiés ! Oh, jufqu'à quand ferez-vous fans raifon !

ces circonſtances affligeantes, un homme
ſenſible, le cœur navré de douleur, voudroit ſe tranſporter aux pieds des Magiſ-
trats, il voudroit les ſupplier, & du fond
de ſon ame, il ſemble même leur dire :
O vous, qui êtes chargés des ſublimes
fonctions de rendre la juſtice, veillez,
ſur ces inſenſés ; préſervez - les de leurs
propres erreurs ! N'ont - ils pas aſſez des
miſères qui affligent l'humanité, ſans qu'ils
oublient encore qu'ils ſont frères ? Bientôt hélas ! il faudra tous dormir enſemble !

Peut-il donc être de plus puiſſans mo-
tifs pour rappeller la propreté dans les rues
de Paris ? Diſons donc que celles qui ſont
larges, doivent être diſpoſées en chauf-
ſées à deux ruiſſeaux, que par cet expédient, les eaux ſe diviſent, alors les voitures ont moins de facilité à les faire jaillir
& ce n'eſt même que lorſque celles-ci viennent ſur les côtés, que cet effet a lieu :
mais cette reſſource eſt ôtée lorſqu'il s'a-
git des rues étroites, deux ruiſſeaux les

rétréciroient encore, &, les voitures oc-
cupant le milieu, il ne resteroit aucun pas-
sage pour les personnes à pied ; ainsi les
moyens allégués jusqu'ici, sont insuffisans
pour ces sortes de rues.

Faisons une supposition ; si, par exemple, les ruisseaux de ces rues étoient sup-
primés, & qu'on y substituât des canaux,
recouverts à niveau du pavé, dans lesquels se rendroient l'eau des pluies & celles des maisons ; si les ordures volumi-
neuses ne pouvoient pénétrer dans ces canaux, alors les eaux y couleroient avec
facilité ; alors les chevaux & les voitures
ne les renverroient pas sur le pavé, ils
n'en trouveroient plus, il n'y auroit point
de ruisseau visible, une rue seroit une belle
chaussée parfaitement propre, où l'élégant
en habit de parure, pourroit se montrer à
son gré, & se rendre chez sa belle sans
être nullement éclaboussé ; alors des fem-
mes charmantes, lasses d'être enfermées
dans leurs voitures viendroient dans les
rues se faire voir à pied, y déployer leurs

graces & augmenter ainſi le nombre de leurs admirateurs.

Voilà un rêve agréable, dira-t-on ; mais à quand la réalité ?

Il exiſte en Europe une petite Capitale, où les maiſons parfaitement allignées, les rues très-larges & très-aérées, offrent l'enſemble le plus intéreſſant ; là, tous les bâtimens ſe reſſemblent ſans être ſymmétriques, tous ſont conſtruits en pierres, & préſentent la même hauteur & la même nuance de couleur ; aucun ne paroît vieilli ou noirci par le tems, aucun ne paroît neuf, tous plaiſent à l'œil, & ſont également agréables. L'extrême propreté des rues arrête les regards des voyageurs, un air auſſi pur que celui des campagnes y circule avec facilité, un pavé très-ſec & très-net laiſſe à tous les habitans l'avantage d'aller à pied, ils ſe rendent ainſi de fréquentes viſites, tous jouiſſent du ciel, & reſpirent en liberté. Etonné de l'aſpect enchanteur que préſente cette intéreſſante cité, je voulus, après en avoir conſidéré

l'enfemble, connoître les caufes qui maintenoient tant de propreté. Je ne tardai pas
à m'appercevoir que, dans chaque rue, il
exiftoit, au lieu de nos ruiffeaux, un
canal recouvert à niveau du pavé, dans
lequel s'écouloient les eaux des toits, des
maifons & des rues. Je vifitai ces canaux,
l'intérieur en étoit propre, il y couloit une
eau claire qui s'échappoit des réfervoirs
des fontaines, lefquelles font élevées dans
le milieu de chaque rue ; quelquefois, c'eft
lorfque la rue eft longue, il y en a deux
placées dans les points centrals. Je défirai
favoir auffi pourquoi l'on ne voyoit dans
les rues aucune ordure : attendez à de-
main, me dit-on. Le lendemain, j'étois
à ma fenêtre dès cinq heures du matin,
j'apperçus des malheureux enchaînés, qui
avoient encouru la rigueur des Lois, &
qui traînoient une petite voiture. Deux
de leurs compagnons les précédoient,
avec des balais & des pèles, & enlevoient
des immondices fous l'infpection de deux
fufiliers qui les conduifoient ; je détournai

la vue de ce fpectacle digne de compaf-
fion, & la portai involontairement fur
une fontaine qui étoit près de moi. L'i-
mage d'un grand homme, d'un libérateur
de la Patrie, s'offrit à mes regards, fa ftatue
ornée de fes pompeux attributs, étoit pla-
cée fur un obélifque, & préfentoit le tro-
phée le plus refpectable que la cité pût
décerner à fa mémoire. O fages Loix,
m'écriai-je alors, voilà votre triomphe! (1)

Ce n'eft donc point un rêve que j'ai fait,
en propofant de mettre des canaux dans les
rues de Paris, & dans celles des grandes
Villes ; c'eft ce qui exifte, c'eft ce que
j'ai vu dans une très-jolie Capitale, &

------

(1) J'ignore pourquoi tant de malheureux que les Lois
ont flétri, ne font pas tirés des prifons & employés à divers travaux publics, tels que le balayage des rues ; le
nétoiement des égoûts ; la confection des grandes routes ;
comme encore à rendre certaines rivières plus navigables ;
rien ne feroit plus facile, & rien ne feroit plus jufte ; celui qui a léfé la fociété, doit être condamné à la fervir ;
d'ailleurs fes travaux feroient un moyen d'économie ; ils
foulageroient le cultivateur de même que le citadin, &
les infortunés qu'on occuperoit ainfi, feroient moins malheureux.

cette

cette Capitale eft en Suiffe ; c'eft Berne.

Mais croyez-vous, me dira-t-on, que ce qui convient à une petite Ville, puiffe convenir à une grande ? Cette obfervation eft fondée, auffi ne font-ce pas des canaux pareils à ceux de Berne que je propofe d'établir, ce font des canaux convenables à une Ville telle que Paris, des canaux modifiés felon la néceffité, les circonftances, les lieux, l'emplacement, les quartiers ; enfin des canaux qui rempliffent parfaitement leur deftination.

Je crois déjà entendre une foule de queftions s'élever ; mais mon projet n'eft qu'imparfaitement efquiffé, lorfqu'il fera complètement expofé, je répondrai aux obfervations que l'on peut faire fur ce fujet.

Etabliffons donc des canaux, foit en briques (1), foit en pierres, & mieux en-

______

(1) La plûpart des Anciens conftruifoient leurs monumens publics en briques ; des Villes entières font encore bâties ainfi. Les murs de Babylone & le tombeau de Bélus, étoient de cette matière. Artémife, époufe & fœur de

core, en pouzzolane. Que ces canaux aient dix-huit pouces de largeur, au plus, fur trois pieds de profondeur pour ceux qui n'ont que très-peu d'eau à recevoir ; & trois pieds & demi ou quatre, pour ceux qui en recevront beaucoup. Je dirai bientôt pourquoi j'exige une telle profondeur, & pourquoi je l'augmente au befoin fans augmenter la largeur. Admettons encore que ces canaux foient recouverts par de long grès de trois pieds, femblables à ceux qui bordent le pavé de quelques grandes routes ; que ces grès foient placés deux à deux à niveau du fol ; que leur plus grande longueur fuive celle du

---

Maufole, Roi de Carie, fit élever, à Halicarnaffe, ce modèle des monumens de la douleur, que depuis on a tant de fois imité & fi rarement avec un fentiment égal ! Artémife ayant fait brûler le corps de cet époux & recueilli les cendres, ne trouvât pas d'urne plus digne de lui que le fein de celle qui l'adoroit ; l'on fait qu'elle fe fit une boiffon de ces cendres chéries. Elle préféra enfuite l'argile unie au marbre pour former ce monument de la tendreffe inconfolable, qui devoit retracer aux yeux des nations, un deuil inimitable : ainfi le premier maufolée fût fait en argile.

canal ; qu'ils laissent entr'eux, & au-desfus du milieu de la largeur de ce même canal, une espèce de fente qui remplacera le ruisseau, & sera continuée conséquemment dans la même direction d'un bout de rue à l'autre ; que cette ouverture ait un pouce de largeur ou environ : l'on conçoit maintenant que c'est par cette issue que les eaux du pavé se rendront dans le canal. Quant à celles des maisons, il seroit nécessaire que des tuyaux ou des rigoles souterraines les conduisissent dans le canal. L'on suppose que ces tuyaux ou rigoles seroient garnis de grilles par le bout supérieur, afin qu'aucune immondice volumineuse ne pût y pénétrer.

J'allois oublier de dire qu'à des distances égales, il seroit utile d'établir sur les canaux des portes ou des grilles de fer, qu'au besoin l'on ouvriroit, soit pour voir intérieurement, soit pour y introduire tel objet que l'on jugeroit convenable (1).

---

(1) *Voyez* la description & la figure des canaux, à la fin de l'Ouvrage.

Maintenant voyons quelle doit être la difpofition de ces canaux ; leur emplacement & la maniere de les diftribuer, font effentiels à l'effet qu'ils doivent produire. Il n'eft pas néceffaire qu'il y en ait dans toutes les rues, comme on le verra bientôt ; il fuffit d'en établir dans celles qui communiquent des extrémités d'une Ville au centre, & la divifent en angles, ou par des parallèles prolongés. Ces rues font celles qui font le plus fréquentées, & dans lefquelles viennent aboutir les rues des petites divifions.

Nous allons donner l'exemple de cette diftribution, en l'appliquant aux rues de cette Capitale.

Commençons par les deux grandes voies qui traverfent parallèlement la Ville de Paris ; nous expoferons en même-tems la quantité de toifes de canaux néceffaire pour chaque rue, afin que l'on puiffe par approximation eftimer ce que coûteroit l'établiffement de ces canaux.

Première division des rues, dans lesquelles
seroient établis des canaux.

Noms des rues.	toises.
Saint-Jacques, depuis la place Cambrai,	175
Du Petit-Pont,	50
Marché Palu,	40
De la Juiverie,	53
De la Lanterne,	42
Planche-Mibrai,	43
Des Arcis,	96
Saint-Méry,	78
Saint-Martin,	480
Des Egoûts,	52

Deuxième division.

Saint-Denis,	735
Saint-Barthelemy,	82
De la Barillerie,	48
De la Bouclerie,	57
De la Harpe,	288
	2319 t.

Les rues qui traversent de l'une à l'autre des grandes voies que nous venons d'indiquer ; c'est-à-dire, de la rue Saint-Martin à celle Saint-Denis, ou de la rue Saint-Jacques à celle de la Harpe, se trouveront, d'aprés cette disposition, également desséchées ; leurs ruisseaux viendront aboutir dans les canaux, & le fond de ceux-ci se trouvant de trois ou quatre pieds plus bas, les eaux formeront une chûte, ce qui bien certainement ne peut qu'être un très-puissant mobile qui accélèrera l'écoulement des eaux, & le rendra très-rapide.

Troisième division.

De l'autre part,	2319
Noms des rues.	toises
Montorgueil, ...	87
Comtesse-d'Artois, ...	112

Cette division formant un parallèle à la rue Saint-Denis, les rues qui communiquent de l'une à l'autre, produiront le même effet que les rues de traverse des divisions précédentes, & il en sera ainsi de celles qui vont suivre.

2518 t.

Quatrième division.

De ci - contre ,   2518 t.

Noms des rues.   toises.

Montmartre , ... 554
De la Fromagerie , ... 89

Cinquième division.

De Bourbon , porte Saint-Denis , 202
Neuve Saint-Euftache , . . . 145
Foffés Montmartre , . . . 110

Sixième division.

Petit-Lion Saint-Sauveur , . . 68
Pavée Saint-Sauveur , ... 70
Tiquetone , ... 62
Plâtrière , ... 108
De Grenelle Saint-Honoré , . 152

Septième division.

De Richelieu , ... 466

Huitième division.

Des Capucines , . . : . . 105
Neuve des Petits-Champs , . 388
____
5037 t.

De l'autre part, ... 5037 t.

Neuvième division.

Noms des rues.	toises.
Saint-Honoré, ...	841
De la Chauffetrie, ...	102
La Féronnerie, ...	81

Dixième division.

Des Prouvaires, ...	128
Du Roule, ...	65
De la Monnoie, ...	94

6348 t.

Nous ne croyons pas devoir indiquer les rues de traverse qui, très-fréquentées, & contenant en outre des marchés, des boucheries, ou des manufactures, pourroient avoir besoin de canaux; les causes qui les nécessitent dans ces lieux, étant mobiles & dépendantes d'une foule de circonstances, ne sont point du ressort d'un plan général. C'est par des raisons équivalentes à celles-ci, que nous ne ferons pas une mention particulière des halles, des principaux marchés, des égoûts, &c. MM. les Inspecteurs des chauffées fauront apprécier ces difficultés bien mieux que nous ne pourrions le faire ; d'ailleurs, c'est à l'expérience qu'il appartient de prononcer fur les détails, la théorie ne peut défigner que les règles générales.

Onzième divifion.

De ci-contre,	6348 t.

Noms des rues.	toifes.
Du Temple,	346
Saint-Avoie,	210
Bar-du-bec,	71

Douzième divifion.

Vieille rue du Temple,	486

Treizième divifion.

De la Verrerie,	232
Cimetière Saint-Jean,	66
Place Baudoyer,	88
Rue Saint-Antoine,	202

	8049 t.

De l'autre part, 8049 t.

Quatorzième division.

Noms des rues.	toises.
De Fourci, ...	51
Des Nonaindières, ...	86
Des deux Ponts, Isle Saint-Louis, ...	76

Quinzième division.

Galande, ...	130
Place Maubert, ...	70
Saint-Victor, ...	195

Seizième division.

Saint-André-des-Arcs, . . .	233
De Buffi, ...	112
Du Four Saint-Germain. . .	203

Dix-septième division.

Des Boucheries, ...	165
Des Cordeliers, ...	125
Des Mathurins, ...	104

Dix-huitième division.

Dauphine, ...	150
Des Fossés Saint-Germain, .	120

9869 t.

De ci-contre, · 9869 t.

Dix-neuvième division.

Noms des rues.   toifes.

Des Saint-Pères, · . . . · 348

Vingtième division.

Du Bac, ... 609
____
                                  10826 t.
____

Dix mille huit cens toifes de canaux; & dans ce nombre ne font pas compris ceux que nécefliteront encore les halles, les marchés, les boucheries, & les rues de traverfe très-fréquentées. Mais, dira-t-on, il en faudra peut-être autant pour ces divers objets, ce qui formeroit environ vingt mille toifes de canaux pour la ville de Paris. A ce réfultat, il me femble entendre dire que les frais de cette multitude de canaux feroient immenfes & l'entretien ruineux. Eh bien! que l'on fe raffure; ces frais iront moins haut qu'on ne penfe, & l'entretien fera prefque nul; je le prouverai. D'ailleurs, dans les grandes Villes, il y a aussi de grands travaux qui sont d'une nécessité indispensable , & qui, loin d'être à charge à la société , la soulagent au contraire , & lui donnent une existence plus agréable & plus heureuse. Que deviendroit le Commerce sans les grands chemins ? Que seroient les Provinces sans les rivières & les canaux navigables ? Que seroient les Villes sans les fontaines publiques, les chaussées, les ponts, les cloaques ? C'est dans ces objets d'utilité que se distingue un sage Gouvernement ; ce sont-là des richesses réelles de la Nation. Mais des monumens fastueux , des temples , des obélisques environnés des demeures de la pauvreté, n'offrent qu'un mélange incohérent d'orgueil & de misère, bien plus propre à inspirer la pitié de l'étranger que son admiration (1). Voyons cepen-

___

(1) Les personnes qui n'ont pas des connoissances détaillées des peuples anciens s'imaginent que nous sommes magnifiques & puissans, qu'aucune Nation ne nous a surpassé en esprit, & moins encore en bâtimens & en richesses ; que les Arts se sont élevés chez nous à une perfection qu'ils

dant si les canaux dont nous venons de parler rempliroient le but qu'on se propose.

Nous n'avons pas crû qu'il fût nécessaire d'en placer dans les quartiers aérés, ni dans ceux où la pente du sol facilite l'écoulement des eaux ; telles sont les buttes, les fauxbourgs, la montagne Sainte-Génevieve, &c.... Néanmoins par cette distribution, il est aisé de concevoir que toutes les rues de Paris seroient desséchées, les unes par l'air simplement, ce sont celles

---

n'ont eue nulle part ! Que diroient ces mêmes personnes, si elles alloient visiter les ruines de Thèbes, où dans une immense étendue de terrein, elles ne rencontreroient que des restes magnifiques, où elles ne verroient que des colonnes en marbre, en jaspe, en porphyre, & pourroient en compter jusqu'à six mille ? Que diroient-elles ; si elles venoient à lire une inscription, gravée en ces lieux, qui leur apprendroit que le seul royaume de Thèbes a mis sur pied une armée de huit cens mille hommes, & aujourd'hui à peine y trouveroient-elles quelques pâtres ? Que diroient-elles ; si elles venoient à comparer les marchés publics des Grecs avec les nôtres ? D'un côté, elles verroient de vastes colonnades, des lieux aérés & propres ; les statues des grands hommes, qui dans ces mêmes lieux, semblent retracer au peuple leurs hautes actions : de l'autre, elles appercevroient des bâtimens noirs & décrépits pour la plûpart, des ordures & l'indigence.

qui font déjà propres ; les autres par les canaux, & ce font les moins nettes ; les derniè-
res enfin, qui font les rues de traverfe, par
l'écoulement rapide des ruiffeaux dans les
canaux ; foit directement ou indirecte-
ment, car il y auroit entr'elles une com-
munication générale. En outre, & je crois
l'avoir déjà dit, la chûte des eaux de chaque ruiffeau dans le canal adjacent, en-
tretiendroit un mouvement utile & conti-
nu , qui exciteroit un prompt écoulement des immondices.

Refte à déterminer comment ces canaux pourront fuffire à leur deftination,
dans les faifons différentes comme dans
les circonftances inattendues.

J'ai demandé premièrement qu'ils fuffent très-profonds ; car c'eft la profondeur
qui feule préviendra quantité d'inconvéniens, & voici comme je le conçois. Si
les moindres canaux ont trois pieds de
profondeur dans œuvre fur dix-huit pouces de large, il en réfultera que le courant des eaux fera plus accéléré en propor-

tion de ce qu'il s'y en rendra davantage. L'on fait que plus une rivière ou un ruiſſeau eſt reſſerré dans ſon lit, plus ſes eaux acquièrent de force & le courant de viteſſe. Conséquemment, lorſqu'en tems de pluie les eaux abonderont dans des canaux ainſi proportionnés, elles s'écouleront avec rapidité & diſſiperont les petits dépôts de matières épaiſſes qui auroient pu s'y former dans les momens de féchereſſe. Or, il eſt bien certain que ce n'eſt nullement dans les tems pluvieux, ſi communs à Paris, que ces canaux ne pourroient ſuffire, ni quant au volume d'eau qu'ils auroient à contenir, ni quant à l'écoulement qui dépendroit en partie de leur pente, ni quant au déſsèchement du pavé, puiſque les eaux ne s'y arrêteroient qu'autant que celui-ci auroit des cavités de quelque importance. Les voitures ne feroient plus en outre jaillir les eaux ; une iſſue d'un pouce de large ou environ, pratiquée au milieu de la rue, & dans toute la longueur, les engloutiroit ſans ceſſe, &

feroit cependant infuffifante pour que les enfans puffent y rien introduire, ou pour que les chevaux fuffent génés dans leur marche. Il y a dans plufieurs Villes de Province, des pierres placées le long des rues à niveau du pavé, lefquelles font percées de différens trous, fuffifans pour que le jour puiffe pénétrer dans les caves; chacun eft obligé de marcher fur ces ouvertures, & cela ne contrarie perfonne. D'ailleurs, quoique celles que je propofe, aient bien moins de largeur, il feroit poffible d'y ajouter intérieurement une grille, ce qui obvieroit à tout ce que l'on pourroit exiger.

Un tems fec laifferoit peut-être quelques perfonnes dans la crainte qu'il ne fe formât des amas d'immondices épaiffes dans les canaux : néanmoins fi les ordures volumineufes ne pouvoient y pénétrer, il feroit impoffible, ces canaux étant étroits & profonds, qu'il s'y manifeftât des inconvéniens fenfibles; car, les rues étant fablées de la manière expliquée ci-devant,

je

je ne fais s'il pourroit y avoir de la boue ; de plus, il n'y en a jamais dans les tems fecs ; conféquemment il feroit de toute impoffibilité qu'alors il s'en introduisît dans les canaux.

Mais, dira-t-on, dans une Ville où le luxe des équipages, des cabriolets eft tellement reçu, n'y ayant pas une goutte d'eau fur le pavé, dans la belle faifon, les chevaux ne feront-ils point plus fatigués ? Premièrement, il me femble que fur les grandes routes, qui font pavées également, l'on ne s'avife pas d'arrofer quelle que foit la faifon, & pourtant l'on ne laiffe pas de courir la pofte. Secondement, je ne fais pourquoi, dans les tems de chaleur & de féchereffe, on n'arroferoit pas les rues. Une eau fraîche & pure, verfée foir & matin, développeroit un air falutaire, préviendroit les maladies, & donneroit aux chevaux la facilité de courir à l'aife. Seroit-ce donc fi coûteux que chaque locataire de boutique répandît à fa porte, quelques fceaux d'eau dont il fe

D

trouveroit très-bien lui-même ? D'ailleurs, n'a-t-on pas les pompes à feu, les tonneaux qui arrosent les promenades ? Pourquoi ne les multiplieroit-on pas ? Il s'agit de la salubrité de l'air, il s'agit de la santé ; ce n'est pas à ce sujet qu'une sordide économie doit prévaloir (1).

---

(1) Les superbes aqueducs des Romains, leurs nombreux & vastes cloaques, réceptacles essentiels dans une grande Ville, leurs routes magnifiques, furent trois objets qui étonnoient les peuples leurs contemporains, & qui attirent encore notre admiration. Des ouvrages d'une si grande utilité, obtiennent l'approbation de tous les âges. Mais ces temples, mais ces palais fastueux, ces arcs de triomphe, ces obélisques décernés à d'orgueilleux tyrans, ces bains publics, ceux de Caracalla qui contenoient seize cens siéges de marbre, ceux de Dioclétien où s'en trouvoient trois mille deux cens, & ces portiques, ces piscines, ces bois, ces jeux, ces nombreux appartemens ornés de marbre, de jaspe, d'albâtre, de porphyre, ces voûtes en marqueteries, ces planchers en pierres transparentes, ces vases d'azur, ces carreaux à filets d'or, & mille objets charmans qui embellissoient, qui composoient d'aussi superbes bains, ne furent que de vains monumens de l'orgueil, détrempés des larmes des malheureux ; ils ne les construisirent que sur les cendres de l'esclavage. Ce fut toujours aux dépens des cabanes que s'élevèrent les palais, & par-tout où je vois des palais, je suis bien sûr de rencontrer des chaumières.

L'on peut, sans doute alléguer, que le peu d'ordures qui se trouveront sur la chauf-sée, pourront être entraînées dans les canaux avec quelque peu de sable, & cela est vrai ; je conviens encore que ces petits amas pourroient séjourner dans les canaux, & n'être dissipés que dans les tems de pluie, ce qui occasionneroit des inconvéniens, peu graves à la vérité, puisque tout le sable du pavé, & douze mois de sécheresse, ne formeroient pas sans doute un solide nivelé de trois pieds d'épaisseur : mais enfin, cela auroit des désagrémens qu'il est facile de prévenir. Pourquoi attendroit-on qu'il se fît des dépôts ? Pourquoi chaque jour à l'heure du balayage ne feroit-on pas couler dans ces canaux une quantité d'eau suffisante, soit par le moyen des fontaines publiques, soit, dans la Capitale, par celui des pompes à feu ? Alors plus de dépôts à appréhender, alors ces canaux feroient parfaitement propres, alors nulle odeur ne se feroit appercevoir. Mais nous oublions que ces canaux doivent avoir

des portes, il feroit donc poffible d'y introduire divers inftrumens, tels, je fup-
pofe, que des balais ou fagots liés à des
cordes, à la manière des ramoneurs ; ces
cordes pourroient paffer par l'ouverture fupérieure du canal, & le même balai pourroit être conduit dans tous les canaux d'u-
ne divifion. Il fuffiroit, pour cela, qu'un
homme tînt les bouts de la corde en mar-
chant, & s'il exiftoit quelques dépôts, on
les diffiperoit fans peine.

L'on peut donc remédier aux inconvéniens
qui furviendroient dans les canaux, & il
eft certain que durant les trois plus agréables faifons de l'année, il ne s'y manifef-
teroit aucun évènement. Refte la faifon
des neiges, & enfin, les glaces & le dégel.

C'eft ici que l'on m'attend, c'eft ici que
l'on peut me croire fort embarraffé. L'on
fait que mes canaux ont au moins trois
pieds de profondeur dans œuvre ; qu'ils
font recouverts par des grès de fix à huit
pouces d'épaiffeur ; que ces grès font fou-

tenus par une espèce de voûte, & d'après
cet apperçu, l'on voit que le fond du canal, & c'est-là que l'eau coule, est environ à quatre pieds au-dessous du sol. L'eau
ne peut donc y geler? Car, dans quelle
rigoureuse saison a-t-on vu, dans cette Capitale, de la glace à quatre pieds sous terre?
Cela est concluant pour un endroit où le
contact de l'air est sans effet, me dira-
t-on. Mais il y a une ouverture de douze
lignes de large tout au long de vos canaux. Cela est vrai : mais qu'est-ce que
cette largeur à l'égard de la grandeur de
ces souterrains? Quelle peut-être l'activité
de l'air en pénétrant par une telle issue,
dont la largeur est la même durant quinze
pouces d'épaisseur que nécessitent les grès
& la maçonnerie? Cette activité doit être
considérablement modifiée. Peut-être m'objectera-t-on encore que l'air comprimé en
s'introduisant par une issue angulaire, acquiert de la force, & j'en conviens. Supposons donc que cette issue puisse, en un
froid excessif, occasionner une glace de

toute la largeur du canal ; mettons encore que cette glace ait un pouce d'épaiſſeur, ce qui n'eſt guères vraiſemblable à quatre pieds ſous le ſol ; n'importe. Qu'arrivera-t-il ? La première eau qui ſurviendra coulera ſur cette glace, il ne manquera pas d'y avoir un vuide au-deſſous, quel qu'il ſoit, l'eau qui ſupportoit la glace s'étant écoulée ; l'on voit alors combien elle ſe rompra facilement d'elle-même, tant par le poids & l'abondance des eaux, que par la chaleur intérieure du ſol ; d'ailleurs, le moindre canal pourroit contenir trente glaces pareilles ſans être obſtrué. Je dis plus, s'il étoit poſſible que l'un d'eux pût l'être, par quelque cauſe que ce fut, il ſeroit aiſé d'y remédier, ſoit en y faiſant traîner des inſtrumens crochus ou à piques, ſoit en y introduiſant des maſſes de bois qui en rempliroient preſque la capacité & qui ſeroient menées d'un bout à l'autre du canal. Cette dernière opération conduiroit infailliblement à l'égoût toutes les immondices : mais je crois qu'elle ne ſeroit néceſſaire, tout au plus, qu'à l'inftant du dégel pour débarraffer plus promptement les glaces, fi toutefois il s'en trouvoit dans les canaux.

Refte donc le moment du dégel : quelque précipité qu'il puiffe être, que les glaces des rues aient été relevées ou non, l'eau feule pourra tomber dans les canaux, alors ce feront autant de torrens, fi je puis le dire, & j'ofe avancer qu'un canal engloutira plus d'eau en quatre heures, que dix ruiffeaux ordinaires ne pourroient en faire couler dans un jour.

Je ne parle point de la neige, d'autant qu'elle ne pourroit pénétrer dans les canaux que lorfqu'elle feroit fondue ; & je crois également inutile de faire mention des momens d'orages, de ceux d'incendie, ainfi que des différens lieux, tels que marchés, halles, boucheries, &c.......... Plus il tombera d'eau dans un canal, & plus elle coulera rapidement.

Je remarquerai qu'à l'approche des grands égoûts, il feroit important que les canaux

fuſſent plus larges ; quatre pieds de largeur , ſur cinq de profondeur dans œuvre ,
ſeroient les dimenſions que je crois convenables ; je parle toujours pour la Ville
de Paris.

Des canaux trop petits ſeroient inſuffi-
ſans ; trop grands , il s'y formeroit des
amas , & d'ailleurs , ils ſeroient plus coûteux. Si je demande que ſur-tout ils aient
de la profondeur, ce n'eſt pas ſeulement
parce que ceci met les eaux à l'abri du froid ,
mais c'eſt encore parce que des canaux de
trois pieds dans œuvre , pourroient être
viſités & réparés ſans être découverts ; &
en effet, qu'il y ait dans chaque rue , des
trapes ſemblables à celles des écluſes, leſquelles puiſſent clorre verticalement les
canaux. Suppoſons que l'on veuille exa-
miner intérieurement une partie de canal , l'on choiſit un moment où les eaux
ne ſont pas abondantes , l'on abaiſſe la trape qui arrête les immondices dans le haut
du canal ; qu'alors on faſſe couler de l'eau
dans l'endroit que l'on veut viſiter , il ſera

facilement épuré , & rien n'empêchera qu'un ouvrier n'ait l'aifance de s'y introduire. Dix-huit pouces de large, fur trois pieds de haut, forment un efpace fuffifant pour qu'un homme d'une taille médiocre puiffe s'y placer, foit affis ou autrement.

Obfervons que de la manière que font recouverts ces canaux, les chevaux & les voitures ne fouffriront nullement ; au contraire, ils auront une route propre.

Obfervons encore que cette forme de canaux réunit trois avantages effentiels. 1°. Celui de ne s'encombrer en aucune faifon. 2°. Celui de ne gêner ni les perfonnes à pied, ni les voitures, avantages que n'ont pas les canaux de Berne. 3°. Celui de n'être pas difficiles à réparer.

La grandeur des canaux doit être proportionnée à la quantité d'eau qu'ils ont à recevoir. Il eft certain que ceux qui feront le plus diftants du cloaque, auront moins d'eau à contenir, que ceux qui en feront près ; conféquemment, fi l'on détermine qu'il y ait des canaux de trois grandeurs différentes, les petits en feront le plus éloignés, les vaftes y aboutiront, & les médiocres occuperont l'intervalle qui fe trouvera entre les uns & les autres.

Quant à la profondeur des canaux, elle fera relative au climat ; moins il fera froid, moins elle fera néceffaire. Secondement, elle le fera à la rapidité convenable à l'écoulement des eaux ; cependant, la pente du canal peut y fuppléer. Troifièmement, la profondeur doit être fuffifante, pour qu'on ait la poffibilité de réparer les canaux fans les découvrir.

Il eft en outre deux manières de couvrir ces canaux. 1°. Celle que j'ai fpécifiée pour les rues dans lefquelles paffent les voitures. 2°. Dans celle où il n'en paffe point, ou peu, les canaux pourroient être recouverts avec des dales mobiles, ou des portes de fer que l'on ouvre en cas de néceffité. Alors les canaux n'ont pas befoin d'être fi profonds, quinze pouces fuffifent fur chaque face. L'on ménage, fur les bords des dales, des iffues pour l'écoulement des eaux, & lorfque ces fortes de canaux s'encombrent, on les découvre pour les défobftruer. D'ailleurs, ils font moins coûteux à établir ; tels font ceux de Berne. Mais ils conviennent mal dans les rues où vont des voitures, les chevaux cheminent difficilement fur des portes de fer ou fur des pierres ; & celles-ci font peu propres à réfifter aux chocs répétés des voitures que l'on voit abonder dans les grandes Villes.

Ainfi dans les lieux où l'on ne peut établir de ces petits canaux, il en faut dont la capacité & la ftructure préviennent tout encombrement, il faut qu'ils foient folidement conftruits, qu'ils n'exigent pas de fréquentes réparations. Ils doivent être fous la chauffée ; ils embarrafferoient la voie publique, ou rétréciroient des rues déjà trop étroites s'ils étoient deffus. J'oferois le dire, il n'eft & ne peut-être, que des moyens femblables ; j'en ai la fâcheufe conviction ; que l'on n'efpère pas des prodiges ; l'état & la nature des chofes limitent ces moyens, & en effet, il faut que les eaux s'écoulent ; tant qu'elles feront fur le pavé, tant qu'il s'y verra des ruiſſeaux & des voitures, les petites rues feront remplies de boues. L'on peut varier la forme des canaux, leur diſtribution, leur emplacement ; mais toujours il en faudra néceſſairement revenir à cet expédient. Le befoin eſt preſſant, la Capitale n'eſt plus qu'un vaſte cloaque, l'air y eſt putride ; attendra-t-on que tous les bâtimens foient démolis pour faire des places & des rues aérés ? Achetera-t-on fans ceſſe les terreins & les propriétés qui nuiſent aux élargiſſemens ? Achats qui abforbent les fonds publics & lèzent les propriétaires. Déjà il n'eſt plus poſſible d'aller à pied dans certains quartiers, fans courir des dangers réels ; déjà il en eſt de ſi infects, que les habitans y reſpirent à peine ; déjà de funeſtes effets de la putridité fe font trop fait appercevoir ; attendra-t-on quelque invention miraculeufe ? Non, je le repète, les moyens font bornés par la diſpoſition des objets.

Efclave de l'habitude & du préjugé, le grand nombre, je le fais, doutera, niera que des canaux, des *cache-ordures*, un nouveau fable, puiffent fe réalifer ; il fuffit que leurs yeux n'en aient pas encore vu, pour que beaucoup de gens croient que cela ne puiffe exifter. Tels font les hommes, ils n'approuvent que ce qu'ils connoiffent ; ils acquièrent fi difficilement des idées, ils reviennent avec tant de peine de leurs erreurs, ils tiennent tant à la vanité, que, dûffiez-vous leur apporter la guérifon de tous leurs maux, ils vous diroient à part : *je veux être malade.*

Mais voyons enfin quelle fera la dépenfe de ces canaux ; j'ai dit qu'elle feroit moindre qu'on ne l'imagine ; faifons-en une approximation. Il importe, fur-tout, qu'ils foient faits en pouzzolane, l'on faura bientôt pourquoi.

Un Empereur Romain voulant féjourner dans cette Capitale, fit bâtir un palais rue de la Harpe. Clovis, quelque tems après, l'habita. Ce palais, dans la fuite, fervit même de demeure à pluſieurs de nos Rois. L'une des ſalles de ce bâtiment exiſte encore ſous le nom de palais des Thermes : un tonnelier l'occupe. Cette ſalle, très-vaſte, terminée par une voûte, eſt bâtie en pouzzolane ; c'eſt-à-dire avec une eſpèce de ſable ou de terre volcanique, mélangée de chaux vive. L'on conſtruit avec ce ciment des murs de la plus grande ſolidité, & à tel point que la voûte dont je parle, ſupporte un jardin dans lequel ſont des arbres. Il s'y trouve au moins ſix à huit pieds de terre ; eh bien ! malgré les pluies, malgré l'humidité continuelle, cette voûte n'eſt point endommagée. Combien penſe-t-on qu'il s'eſt écoulé d'années depuis la conſtruction de cette ſalle ? Quatorze cens ans & plus.

Que l'on ne préſume pas que je cite ce monument comme un éxemple rare ; non, les Romains bâtiſſoient la plupart de leurs édifices publics avec de la terre de Pouzzol, & il en eſt quantité qui exiſtent encore.

Un avantage marqué que la pouzzola-

ne a fur la pierre même, eft celui de convenir mieux pour les ouvrages de maçonnerie qui doivent être conftruits dans
l'eau ; loin de s'attendrir comme la pierre,
la pouzzolane fe durcit au contraire dans
cet élément, & à tel point que, lorfque
la pierre tombe en vétufté, la pouzzolane
a fouvent acquis la dureté du marbre. La
caufe de ce phénomène, eft que cette terre
volcanique fe cryftallife par le fecours de
de l'eau, &, avec le tems, elle forme une
pétrification d'autant plus parfaite, qu'elle
a eu plus de moyens de s'achever.

Les Romains, à l'imitation des Grecs,
au lieu de toits, mirent des terraffes fur
leurs maifons ; là, ils fe formoient d'a-
gréables jardins avec des plantes encaif-
fées, & venoient y prendre leurs récréa-
tions. Ces terraffes étoient encore d'une
grande commodité dans les momens d'incendie. Elles étoient en pouzzolane, parce
que cette fubftance acquérant chaque jour
de la dureté ; les conftructions faites ainfi,
n'exigent aucune réparation.

C'eft à M. Faujas de Saint-Fond, qu'eft
dûe la découverte de plufieurs mines (1)
de ce fable ; il a même joint des expé-
riences utiles à ces découvertes, & les
a confignées dans un Mémoire (2) plein
de détails intéreffans.

Si la pouzzolane unit encore à ces heu-
reufes propriétés, l'avantage de diminuer
le prix des conftructions, l'on regrettera
que l'Italie feule en ait fi long-tems poffédé
les mines.

Ainfi, c'eft en fable de Pouzzol que
doivent être faits nos canaux, &, d'après
les devis de plufieurs Experts, il m'a été dit
qu'une toife courante de canaux, tels que
je les ai défignés ci-devant, pourroit coûter, petits & grands, en pierre, foixante
livres ; en briques & moëllons, trente livres, & en pouzzolane, vingt livres ;

---

(1) Il s'en trouve dans le Vivarez & dans quelques autres provinces méridionales de la France. L'on vient tout
récemment d'en découvrir une mine près de Paris.

(2) *Voyez* dans les Ouvrages de M. Faujas de Saint-Fond,
le Mémoire fur la pouzzolane.

fans

ſans y comprendre les grès, les tranſports des terres, les portes, &c.

Ainſi, vingt mille toiſes de canaux à 20 liv. la toiſe, font quatre cent mille liv. pour la ſeule conſtruction des canaux né-ceſſaires dans la ville de Paris.

Suppoſons qu'il y ait dans cette Capitale huit cent mille ames, à un ſou par tête chaque année, ce ſont 800,000 ſous, qui font quarante mille livres. Cet intérêt ſur le pied de cinq pour cent, eſt celui d'un fond de huit cent mille livres.

Quantité de perſonnes dépenſent, en voitures publiques ſeulement, un louis par mois ; quelques-unes un louis par ſe-maine, d'autres d'avantage, & il n'en eſt au-cune à qui les boues ne coûtent, ne fut-ce qu'en bas & en ſouliers, plus de ſix livres par année, & je crois devoir n'excepter de ce nombre que ceux qui n'en portent pas.

Quelles que médiocres que puiſſent être pour de grandes Villes les ſommes qu'éxi-gent de pareils établiſſemens, qui les dé-

E

bourfera , me dira-t-on ? Ceux qui en néceffitent la dépenfe. Chaque habitation , ai-je dit au commencement de ce Mémoire, produit une certaine quantité d'ordures & d'eau , chaque habitant doit donc , felon fes facultés ou fa profeffion , contribuer à cette dépenfe ; conféquemment , c'eft aux propriétaires des maifons à débourfer les fonds , & c'eft aux locataires à payer chaque année une petite rétribution ajoutée & comprife dans celle du loyer. Cette rétribution d'un nombre de locataires qui occupent une maifon , ne doit pas excéder la rente des fonds débourfés pour les objets de propreté qu'a néceffité cette même maifon ; alors cette redevance ne peut que difficilement excéder un fou par tête chaque année , ce qui eft loin d'être une charge onéreufe à chaque individu.

Mais fi tous les propriétaires de maifons n'ont pas des fonds à placer , m'objectera-t-on encore ? Dans ce cas, ce feroit une nouvelle entreprife pour quelques capitaliftes ; heureufement que , depuis un fage Edit émané de l'autorité Royale , nous n'avons plus à craindre qu'une telle entreprife puiffe devenir une reffource pour l'agiotage !

Quoique ces établiffemens me paroiffent les plus convenables à une adminiftration puiffante , je ne me diffimule pas cependant qu'il eft des Villes peu riches, & qui ne pourroient tirer avantage de ce plan ; en outre, il y a des tems où l'on ne veut que des améliorations & non des changemens, & c'eft ce dernier bût que je vais maintenant m'efforcer d'atteindre, afin de laiffer moins à défirer.

Si les chauffées étoient femblables à un plan uni , dreffé à la règle, fans cavités comme fans monticules ; fi les ruiffeaux formoient des rigoles parfaitement égales, dont les côtés inclinés préfentaffent deux furfaces unies, où nulle altération, nul abaiffement ne fe fît appercevoir ; fi les ruiffeaux & les chauffées avoient en outre une inclinaison convenable, il est à croire que dans une telle disposition, toutes les rues étant balayées & nettes, les eaux ne pourroient s'y arrêter ; car, ce qui retient les eaux sur le pavé & dans les ruisseaux, ce sont les cavités & les ordures.

Supposons que, ne voulant pas changer l'état & la manière d'être de nos chaussées, l'on voulût cependant trouver le moyen le plus convenable de les dessécher ; l'on voit déjà qu'il s'agiroit de les applanir, d'en faire disparoître les monticules & les cavités. Sûrement, elles pourront demeurer en cet état tant que, reconstruites à neuf, les eaux n'auront pas détrempé le sable qui unit les grès, la terre qui les supporte, & que les voitures, par leur poids & leurs chocs, n'auront pu jusques-là les déranger & faire naître des cavités.

Les Romains avoient donc raison d'asseoir le pavé sur des couches de maçonnerie. Alors il étoit stable ; & il y a telle construction qui, loin d'être dégradée par

les humidités du fol, acquiert au contraire
de la folidité ; elle fe pétrifie en quelque
forte , & par cela feul devient dura-
ble. Telles font plufieurs fortes de ci-
mens, telle eft la pouzzolane. L'établiffement de ces chauffées, j'en conviens, étoit
plus coûteux, mais cette première dépenfe
faite, des fiècles entiers s'écouloient fans
qu'il fût befoin de réparation.

Telle devroit être la manière de conftruire les chauffées de nos Villes maréca-
geufes. Cependant j'obferverai que la dégradation de nos rues, même dans l'état
qu'elles font, n'a lieu que lentement ,
qu'elle vient en partie du reflux continuel
des eaux du ruiffeau fur le pavé, que les
ruiffeaux font les premiers à fe dégrader,
que, dès l'inftant qu'il s'y forme des cavités, l'eau devient ftagnante, &, alors
feulement, elle ceffe de s'écouler & accé-
lère bientôt le dépériffement du refte de la
chauffée.

Ce font donc les ruiffeaux qui doivent

E 3

attirer notre première attention ; il importe donc effentiellement que les ruiffeaux foient fans cavités comme fans monticules ; les rues en feront plus propres, de-là les chauffées fe conferveront mieux & éxigeront moins de réparations.

Si les ruiffeaux étoient en pierres de taille, pofées fur une épaiffe couche en ciment de maçonnerie bien faite; alors très-certainement, les eaux n'y féjourneneroient point & ne pourroient en conféquence refluer fur le pavé. Il fuffiroit que ces pierres euffent environ dix à douze pouces de large, au plus, afin que les chevaux puffent très-aifément cheminer. Il feroit même poffible de faire ces ruiffeaux en grès ; qu'on les établiffe fur une forte couche de maçonnerie en pouzzolane & gravats, & très-fûrement des ruiffeaux ainfi conditionnés ne fe dégraderont que par une fort longue fucceffion de tems, & procureront une économie certaine. Ne pouvant avoir des chauffées femblables à celles des anciens, donnons au moins de la ſtabilité à nos ruiſſeaux, d'autant que ce ſont eux qui endommagent en quelque ſorte le reſte de la chauſſée, & qui ſont auſſi le plutôt endommagés, parce qu'ils ſont conſtamment baignés par les eaux ſtagnantes.

L'on vonviendra ſans doute, qu'il importe que tous les ruiſſeaux des rues étroites, au moins, ſoïent faits ainſi ; c'eſt peut-être l'un des plus ſimples, des moins diſpendieux & des plus ſûrs moyens de faciliter l'écoulement des immondices, même dans certains quartiers de Paris. Que dans les rues qui l'exigeront, l'on ajoute le nouveau ſable, que dans toutes ſoient des *cache-ordures*, & très-ſûrement les rues ſeront propres.

Voilà certainement des moyens d'économie ; voilà une amélioration indiſpenſable, qui convient, j'oſerois dire, à toutes les Villes, petites & grandes. Les habitans ne feront plus infectés par les boues,

& les diverſes adminiſtrations y trouveront avec le tems une épargne réelle.

Je me flatte que l'on ne conclura pas que de telles dépenſes ſoient une nouvelle charge ajoûtée à la dette publique, l'on ſe tromperoit ſi l'on penſoit ainſi; il n'y a point d'habitans de Villes, & ſur-tout des grandes, à qui le mauvais air & les boues ne ſoient vingt fois plus onéreux que ne peut l'être la rente des ſommes capitales qu'exigent les changemens que je propoſe. Il eſt impoſſible de compter pour peu une ſanté plus mâle, l'économie des voitures publiques, celle des chauſſures, la propreté, des habits mieux conſervés, &c. = Quoi? moins de voitures, dira quelqu'un, donc moins de chevaux, le foin ſeroit moins cher dans les Villes; ce ſeroit une calamité! Que deviendroit le payſan qui ne récolte que du foin? = Il n'y emploieroit plus ſes meilleures terres, il cultiveroit du bled, du ſeigle, &c..... Au lieu de chevaux on

nourriroit des hommes ; moins de voitures, moins de malheureux à transporter à
la morgue. = Mais les cochers de place,
mais leurs valets d'écuries ? = Ils chan-
geroient d'état, & feroient des chofes plus
utiles que celles de conduire des chevaux. = Mais les chevaux enfin, qu'en
faire ? = Les occuper à des travaux né-
ceffaires. = Mais ils feront auffi moins
chers ? = Tant mieux, le Gouvernement
pourra les acheter à moindre prix, & re-
monter la cavalerie à meilleur compte. Au
refte, toutes ces propofitions font exagé-
rées, quelques chevaux & quelques voitures de moins, feulement dans la Capitale, ne produiront pas un fi grand effet,
& je n'ai expofé ces idées que pour faire
appercevoir que s'il naiffoit quelques changemens des établiffemens que je propofe,
ils ne pourroient être réellement nuifibles.

Mais l'avantage plus certain qui en réfultera, fera la propreté des rues. Que l'on
établiffe premièrement des *cache-ordures*

dans toutes, foit fous la forme dè bornes, foit fous celle de caveaux. Secondement, que dans les rues étroites & d'un paffage très-fréquent, l'on fe ferve pour confolider le pavé, non de fable ordinaire : mais de fable allié avec de la tuile pilée, ou plutôt, d'un mélange de décombres de bâtimens & de terre cuite, réduits en fable, comme je l'ai déjà indiqué. Troifièmement, qu'il foit fait des ruiffeaux en maçonnerie à ciment, avec des grès ou de la pierre taillée, dans les rues où l'eau s'écoule difficilement, c'eft-à-dire dans les moins propres. Quatrièmement enfin, qu'on établiffe des canaux dans les marchés publics, les boucheries, les halles & les rues des grandes divifions des Villes, rues qui, très-peuplées & fur-tout extrêmement embarraffées, éxigent des améliorations plus importantes. Car il y a des rues qui n'ont befoin que de quelques légers changemens, d'autres éxigent davantage, dans quelques autres la réunion des plus efficaces moyens ci indiqués, pourra feule-fuffire. C'eft en proportion de la néceffité, que les améliorations doivent être faites. Il importe que le pavé foit difpofé convenablement au lieu, que la pente foit proportionnée à la largeur des rues & aux difficultés de les deffécher ; les ruiffeaux doivent être dirigés le mieux poffible pour les canaux, & ceux -ci doivent l'être les uns pour les autres, de forte qu'un grand canal ne puiffe verfer dans un petit ou dans un moyen ; & les canaux auffi doivent être conformés & difpofés felon l'eau qu'ils peuvent recevoir & les égoûts dans lefquels ils fe rendent. Trop de canaux répondans à un feul égoût, feroient naître le défordre. Il doit donc régner une harmonie générale, dans la difpofition du tout, & cette harmonie dépendra du niveau de chaque rue, de l'alignement des ruiffeaux & des canaux, de leur inclinaifon, des juftes proportions de chaque objet, & enfin, de l'heureufe diftribution de l'enfemble ; alors le pavé fera parfaitement propre & fec ; alors l'air fera plus pur ; alors il naîtra moins d'accidens par les chûtes imprévues, par les tas de boues, par les embarras qu'elles néceffitent ; alors l'étranger qui vient admirer nos Arts, goûter nos plaifirs, applaudir à notre urbanité, louera fans doute notre fage adminiftration, & fera étonné des foins qu'elle aura pris pour réunir à l'éclat impofant de cette Capitale, la propreté & la fûreté.

A. Intérieur du canal.

B. Ouverture ou fente dans laquelle s'engloutiffent les eaux. Il faut obferver que cette fente s'élargit à mefure qu'elle acquiert de la profondeur, en-forte qu'elle a plus du double de largeur à la voûte du canal. Ceci eft néceffaire pour éviter que les immondices reftent fufpendues dans cette iffue.

C. Grille ou porte de fer pour defcendre dans le canal.

D. Pierres ou dalles garnies d'une lame ou barre de fer, plombée fur les coins des angles qui bordent l'iffue des eaux, afin que les chocs des voitures ne puiffent brifer ces angles.

E. Vue du canal, coupé longitudinalement.

F. Pierres angulaires, qui clofent la voûte du ca-nal intérieurement, de trois en trois pieds, fans interrompre la continuité de la fente à la fuper-ficie de la chauffée. Ces pierres affurent la foli-dité de la voûte, & ne peuvent nuire à l'écou-lement des eaux.

G. Modèle d'une rigole fouterraine, qui aboutit dans l'intérieur du canal; celle-ci provient d'une cour de maifon dont on voit le côté.

H. Conduit des eaux du toit de cette maison.

I. Bornes & caveaux, appellés *Cache - ordures*, dans lesquels feront mises les immondices. On distingue les petites trappes ou portes par lesquelles feront enlevées ces immondices.

L. Modèle d'un canal de la ville de Berne, en Suisse ; cette sorte de canaux conviennent aux atteliers & boutiques de Teinturiers, Bouchers, Chapeliers, &c.

M. Dalle ou platteau qui sert à couvrir cette espèce de canaux.

N. Plan géométral des canaux de Paris.

O. Plan géométral & en élévation des bornes & caveaux, ou *Cache - ordures.*

P. Plan géométral & en élévation pour les rigoles des cours, des allées de maisons, &c.

I
I
B
H
G
G

H. Conduit des eaux du toît de cette maifon.

I. Bornes & caveaux , appellés *Cache-ordures* , dans lefquels feront mifes les immondices. On diftingue les petites trappes ou portes par lefquelles feront enlevées ces immondices.

L. Modèle d'un canal de la ville de Berne , en Suiffe ; cette forte de canaux conviennent aux atteliérs & boutiques de Téinturiers , Bouchers , Chapeliers , &c.

M. Dalle ou platteau qui fert à couvrir cette efpèce de canaux.

N. Plan géométral des canaux de Paris.

O. Plan géométral & en élévation des bornes & caveaux, ou *Cache-ordures.*

P. Plan géométral & en élévation pour les rigoles des cours, des allées de maifons , &c.

I

VUE ET PLAN DES CANAUX.

www.ingramcontent.com/pod-product-compliance
Ingram Content Group UK Ltd.
Pitfield, Milton Keynes, MK11 3LW, UK
UKHW022300120726
13694UKWH00003B/1159